LA BATALLA DE MARATÓN

La mítica batalla final de la Primera Guerra Médica

Por Delphine Dumont
En colaboración con Nicolas Cartelet
Traducido por Marina Martín Serra

Historia en50MINUTOS.es

¡CONVIÉRTASE EN UN GENIO DE LA HISTORIA!

La batalla de Accio

La batalla de Maratón

La guerra de Palestina de 1948

La Operación Tormenta del Desierto

www.en50minutos.es

LA BATALLA DE MARATÓN

DATOS CLAVE

- **¿Cuándo?** El 13 de septiembre del 490 a. C.
- **¿Dónde?** En Maratón (Grecia)
- **¿Contexto?** Las Guerras Médicas (490-479 a. C.)
- **¿Beligerantes?** Atenas y Platea (ciudad de Beocia) contra el Imperio Persa
- **¿Actores principales?**
  - Milcíades el Joven, estratego ateniense (550-489 a. C.)
  - Calímaco Afidneo, polemarca ateniense (siglo VIII-498 a. C.)
  - Datis el Meda, almirante persa (finales del siglo VI-principios del siglo V a. C.)
  - Artafernes, general persa (finales del siglo VI-principios del siglo V a. C.)
- **¿Resultado?** Victoria griega
- **¿Víctimas?**
  - Bando griego: alrededor de 192 muertos
  - Bando persa: alrededor de 6 400 muertos

INTRODUCCIÓN

La batalla de Maratón, victoria decisiva de los griegos sobre las fuerzas persas, pone punto final a la Primera Guerra Médica en el año 490 a. C. Se trata de uno de los conflictos bélicos más conocidos de toda la historia antigua.

En el 490 a. C., Darío I, rey del Imperio Persa (522-486 a. C.) desea ampliar su hegemonía hacia el mar Egeo y la Grecia continental. Para lograrlo, su ejército ocupa primero Tracia y luego Macedonia para dirigirse a continuación hacia la ciudad de Atenas. El rey persa se mueve, en efecto, por su deseo de castigar a las ciudades griegas, culpables de haber apoyado a los jónicos en su revuelta contra Persia en el 499 a. C. Después de haber conquistado y saqueado numerosas islas del mar Egeo, Datis, comandante de la flota persa, hace desembarcar a sus tropas en la planicie de Maratón (en la costa este del Ática, a unos 40 kilómetros de Atenas). Tras cinco días de cara a cara, el ejército persa es derrotado y debe retirarse embarcando de nuevo hacia el Asia Menor.

A partir de entonces, la propaganda ateniense recupera la batalla y convierte a la victoria griega en un evento mítico, exaltando la valentía de los hoplitas (soldados de infantería de la Grecia antigua) que arriesgaron sus vidas para defender su tierra y mantener su autonomía.

¿Sabías que...?

Existen pocas fuentes antiguas que hablan sobre este periodo. Los persas no dejaron testimonios escritos de su historia y por eso las fuentes principales son griegas: las *Historias* de Heródoto (historiador griego, 484-420 a. C.) y la *Biblioteca Histórica* de Diodoro de Sicilia (historiador griego, 90-30 a. C.). La narración de las guerras médicas que dejó Heródoto, que data del 445 a. C., representa la fuente más contemporánea de los hechos. Para escribir la obra, el historiador utilizó fuentes orales áticas, espartanas y jónicas, que conoció durante sus viajes. A pesar de algunas aproximaciones y de tomarse libertades con respecto a la realidad, las *Historias* es una obra muy valiosa, que intenta esclarecer los eventos sobre los puntos de vista griego y persa.

CONTEXTO POLÍTICO Y SOCIAL

La batalla de Maratón forma parte del contexto de las Guerras Médicas (490-479 a. C.). Es la culminación de un conflicto que enfrenta una parte de las ciudades griegas contra el Imperio Persa.

El conflicto se puede dividir en tres partes:

- la expansión del Imperio Persa (siglo VI a. C.);
- la revuelta jónica y su represión (499-497 a. C.);
- la estrategia egea de Darío I (491-490 a. C.).

LA EXPANSIÓN DEL IMPERIO PERSA

A principios del siglo V a. C., el Imperio Persa se extiende desde el Pakistán actual hasta la costa mediterránea y Egipto. Ciro II el Grande (rey persa, *c.* 556-530 a. C.), deseoso de ampliar sus posesiones, somete las colonias griegas del Asia Menor, llamadas ciudades jónicas, en torno al 550 a. C.

Hacia el 513, su sucesor Darío I reorganiza su vasto imperio creando provincias (llamadas satrapías) y construyendo dos ciudades administrativas: Susa y Persépolis. Su sed de conquistas hace que gane nuevos territorios, invadiendo el valle del Indo (norte de la India).

Cuando ya ha consolidado sus conquistas orientales, Darío I se dirige hacia el mar Negro, hacia donde desea extender su empresa para controlar el comercio de metales preciosos, trigo y madera. En ese momento, emprende una serie de conquistas tomando las ciudades de Tracia y sometiendo al reino de Macedonia. La primera hazaña le aporta unas ganancias considerables, ya que la región es rica en bosques y minas de oro. Los persas también se hacen con dos estrechos estratégicos:

- el Helesponto (actual estrecho de los Dardanelos) y las islas que controlan su entrada (Imbros y Lemnos);
- el Bósforo y los puertos de Bizancio y de Calcedonia (ciudad del Asia Menor).

A partir de ese momento, el imperio controla el tráfico marítimo entre el mar Egeo y el mar Negro. Los atenienses, que desean dominar el mercado lucrativo del mar Negro, también habían instalado colonias en el nivel del Helesponto. El avance de los persas hacia el oeste pone en peligro sus deseos y rápidamente nace una rivalidad entre ambos pueblos.

Para mejorar su dominio económico, el rey persa ataca a los escitas (instalados en el norte del mar Negro, en el sur de Rusia) que se enriquecen continuamente mediante las relaciones comerciales que mantienen con las ciudades griegas. Pero no logra someterlos y se ve forzado a retirarse. A continuación, se vuelca hacia la conquista de Grecia.

LA REVUELTA JÓNICA

Darío I zarpa hacia la Grecia continental con la firme intención de someter Atenas y Eretria, pero no solamente para dominar el perímetro del mar Egeo. Desea también vengarse de las ciudades que ayudaron a los jónicos durante su revuelta contra los persas.

Jonia (costa occidental de la actual Turquía) está formada por doce ciudades autónomas, todas sometidas al poder persa desde el 540 a. C. Pueden conservar su lengua, su religión y sus costumbres, pero las gobierna un tirano nombrado por el rey persa. Sin embargo, una de ellas dispone de un estatuto particular que le confiere una cierta independencia: se trata de la ciudad de Mileto. A pesar de su relativa autonomía, también padece el dominio comercial persa en el mar Egeo. Entonces, a medida que los impuestos reales aumentan, las ciudades jónicas empiezan a indignarse y a expresar su deseo de emancipación. Y con razón: los intercambios comerciales del mar Egeo, limitados en especial desde la toma de Bizancio, las han debilitado económicamente.

Asimismo, Aristágoras, tirano de Mileto (finales del siglo VI a. C.) propone al sátrapa persa de Lidia conquistar las Cícladas (archipiélago griego del mar Egeo) en nombre del imperio; sin embargo, no cumple con su palabra. Empujado por el miedo a ser destituido o asesinado, Aristágoras lleva a los suyos a la revuelta. Proclama la igualdad ciudadana (llamada isonomía) para Mileto y para el conjunto de las ciudades jónicas que, como consecuencia, se levantan contra sus tiranos. Aristágoras encuentra ayuda militar, limitada pero oficial, en Atenas y Eretria para enfrentarse al ejército persa.

¿Sabías que...?

La isonomía (del griego *isos* que significa «igual» y *nomos*, «la ley») designa la igualdad de los ciudadanos ante la ley. Esta noción aparece con Clístenes (hombre de Estado ateniense, segunda mitad del siglo VI a.C.) con las reformas que se pusieron en marcha hacia el 508-507 a. C. Este profundo cambio político sienta las bases de la democracia ateniense, reforzando en especial el poder de la ekklesía, una asamblea soberana que ejerce el poder legislativo y en la que todo ciudadano puede participar. Cuando esta se rebela contra Darío I, Mileto sigue los pasos de Atenas. Esto no les gusta nada a los persas, que se habían acostumbrado a colocar tiranos al mando de las ciudades griegas, y que se oponen frontalmente a la concepción democrática de la política.

Los combates se suceden durante seis años, y los jónicos ganan las primeras batallas. En 497 a. C. se levantan otras ciudades, como en Chipre y en Tracia. Pero estas últimas abandonan las armas definitivamente en el 494 a. C. Mileto, falta de recursos para alimentar a sus flotas y mercenarios, se encuentra sola frente al enemigo. El mismo año, la ciudad se ve asediada y, un año más tarde, las últimas islas son sometidas de nuevo por el ejército persa.

La victoria de su ejército despierta los deseos expansionistas de Darío I, o por lo menos su voluntad de establecer en Grecia regímenes que le sean favorables. El rol que tienen Atenas y Eretria durante esta revuelta acaba de convencerle para que imponga su autoridad en las dos ribas del mar Egeo.

LA ESTRATEGIA EGEA DE DARÍO I

La campaña abortada del 492 a.C.

Darío I organiza una primera expedición contra Grecia en el 492 a. C. Heródoto cuenta que en la primavera de este año, el rey persa envía a su yerno Mardonio (muerto en el 479 a. C.) al Asia Menor para que reúna a todos sus efectivos y los lleve a Tracia, con el objetivo de restablecer su autoridad perdida durante la revuelta jónica. El ejército terrestre atraviesa el Helesponto y somete a los pueblos macedonio, brigio y tasio, pero la flota, que se dirige hacia Acanto, sufre muchas pérdidas a causa de una tormenta cerca del monte Athos. Mardonio ordena entonces que las tropas se retiren, lo que comportará que le destituyan temporalmente de sus funciones de comandante.

La expedición de 491 a. C.

El año siguiente, Darío I prepara una nueva campaña. Manda a heraldos reales (que se pueden calificar como embajadores) a numerosas ciudades griegas, para pedir «la tierra y el agua» (Heródoto 1932, libro V, XVII) como señal de sumisión. Atenas y Esparta rechazan y matan a los embajadores persas, lo que equivale a una declaración de guerra.

Como respuesta a estos hechos, Darío moviliza a sus efectivos navales y terrestres y los coloca bajo el mando del almirante Datis y del general Artafernes, que reciben, según Heródoto, la orden para que «le presentasen a su vista esclavos y presos a los ciudadanos de ellas» (Heródoto 1932, libro VII, XCIV).

A continuación, pone en marcha una estrategia egea que consiste en someter las islas griegas antes de alcanzar Atenas y Eretria: es un éxito absoluto. Las dos islas más importantes, Naxos y Delos, son tomadas sin violencia. A partir de ese momento, la conquista de las islas que quedan se lleva a cabo sin dificultades y el ejército consigue someter las Cícladas con facilidad. Así, Darío I alcanza su objetivo y elimina toda competencia por mar antes de abordar la costa.

 La batalla para tomar Eretria, con la flota persa que desembarca en la isla de Eubea, marca un episodio sangriento y mortífero para la expedición. Sola, frente al enemigo, la polis es asediada durante seis días, y cuando el asedio termina la ciudad es saqueada e incendiada. Los ciudadanos son deportados entonces hacia los alrededores de Susa, capital del rey persa.

Datis pide consejo a Hipias, el tirano ateniense desterrado que se refugió con los persas. Siguiendo las recomendaciones del ateniense, Datis hace que sus tropas se acerquen a la planicie de Maratón el 13 de septiembre del año 490 a. C. Ante el anuncio de esta intrusión, los atenienses, a los que se suman los plateos, se ponen en camino para acudir en su ayuda. También se convoca a los espartanos, pero la celebración de una fiesta religiosa les obliga esperar diez días antes de poder emprender el camino hacia Maratón y, cuando llegan al campo de batalla, el conflicto ya ha acabado. Por eso, los atenienses se encuentran casi solos frente a los persas cuando la batalla empieza. Datis elige no desplegar a todas sus tropas en la planicie y enviar una parte de la caballería a Falero, uno de los puertos de Atenas, para tomar rápidamente la Acrópolis y la ciudad.

¿Sabías que...?

La fecha exacta de la batalla de Maratón todavía se discute. Normalmente, se habla de dos fechas: el 12 y el 13 de septiembre del 490 a. C. La segunda es más aceptada por los historiadores, ya que corresponde al día del desembarco de las tropas persas en la planicie de Maratón.

ACTORES PRINCIPALES

MILCÍADES EL JOVEN, ESTRATEGO ATENIENSE

Hijo de Cimón I el Viejo (campeón olímpico ateniense, muerto en el 524 a. C.), Milcíades el Joven pertenece a una rica dinastía de aristócratas atenienses: los Filaidas.

Se convierte en arconte en el 524 a. C. y se encarga, desde el 518 a. C., de la administración del Quersoneso tracio (región de Tracia dirigida por Atenas) y se ve directamente sometido a la tutela persa en la región. En la expedición llevada a cabo por Darío I contra los escitas, Milcíades el Joven se ve obligado a hacer campaña con él, llevando un contingente de la flota. Esta experiencia le enseña muchas cosas sobre el funcionamiento militar persa que le servirán de gran ayuda en la batalla de Maratón.

¿SABÍAS QUE...?

La familia de los Filaidas está estrechamente vinculada al ejercicio de la tiranía. Milcíades el Joven dirige el Quersoneso tracio de una forma muy autoritaria. Cabe destacar además que su antepasado Cípselo (657-627 a. C.) fue el primer tirano de Corinto. Por consiguiente, la propaganda ateniense suavizó ligeramente la verdad: si bien es cierto que Milcíades el Joven salvó la democracia en Maratón, no luchó por defender esta idea.

En el 499 a. C., Milcíades el Joven no participa en la revuelta jónica, pero aprovecha la ocasión para reconquistar dos islas que habían pasado a formar parte del dominio persa: Lemnos e Imbros. Temiendo la venganza de Darío I, huye a Atenas en el 492, donde se convierte en uno de los dirigentes del partido oligárquico (forma de gobierno en el que la autoridad se encuentra en manos de un número reducido de individuos) y lo eligen estratego dos años más tarde.

Cuando los persas invaden Maratón, decide no esperar al enemigo detrás de las murallas de Atenas y se pone en marcha con los hoplitas atenienses hacia la ciudad. Además, posee una información importante ya que conoce el armamento persa y sabe, por consiguiente, que los atenienses están mejor equipados para un combate cuerpo a cuerpo. Tras cinco días de enfrentamientos, decide lanzar el ataque, incluso si no dispone de refuerzos espartanos. Igualmente, intenta ganar tiempo para alcanzar Atenas, también amenazada, lo más rápido posible. La victoria de Maratón le corona de éxito, pero su gloria no es para siempre: resulta herido en la expedición que lanza contra la isla de Paros (rica isla de las Cícladas) y que se salda con una derrota. Las consecuencias son graves: el partido demócrata ateniense le acusa de traición por haber llevado a cabo una expedición personal con el ejército de la ciudad. Milcíades el Joven es entonces condenado a una pena de cárcel. No puede pagar su multa y muere en la cárcel en el 489 a. C.

CALÍMACO AFIDNEO, POLEMARCA ATENIENSE

Existen pocas fuentes que hablen de Calímaco Afidneo. Este polemarca (jefe de ejército que dispone también de funciones religiosas) ateniense, que nace en el siglo VI a. C. y fallece en el 489 a. C., ha dejado de esta forma poco rastro.

> **¿Sabías que...?**
>
> El polemarca es el tercero de los nueve arcontes (magistrados de la ciudad ateniense). Como magistrado militar, lleva la carga administrativa de los asuntos militares. Es el comandante en jefe de los ejércitos.

No obstante, parece que ha tenido un papel importante en la batalla de Maratón. Heródoto explica efectivamente: «ocupaba entonces aquella dignidad Calímaco Afidneo, a quien habló así Milcíades: —"En tu mano está ahora, Calímaco, o el reducir a Atenas a servidumbre, o conservarla independiente y libre dejando con esto a toda la posteridad un monumento [...]." Con este discurso Milcíades trajo a Calímaco a su partido, con la adición de cuyo voto quedó decretado el combate» (Heródoto 1932, libro VI, CIX-CX).

Durante la batalla, Calímaco Afidneo encabeza el ala derecha tal y como lo prevé la ley ateniense. Mientras que el centro del dispositivo militar griego está vencido, las alas salen victoriosas. Su mando tiene así una importancia vital para la victoria. Sin embargo, muere durante el combate después de haber luchado valerosamente, según el testimonio de Heródoto.

DATIS EL MEDA, ALMIRANTE PERSA

Datis el Meda, nacido a finales del siglo VI y fallecido a principios del siglo V a. C., dejó también muy poca información sobre su vida antes del 491 a. C.

En este año, Darío I lo nombra jefe de la flota persa y lleva a cabo la conquista de las Cícladas con éxito. Participa igualmente en la toma de Eretria al lado de Artafernes.

Heródoto nos informa de que luego participa en el desembarco de las tropas persas en la planicie de Maratón. Pero, ante la derrota, decide reembarcar en sus trirremes (navío guerrero griego que disponía de tres bancos de remeros superpuestos y de espolones) y hacerse a la mar para llevar sus tropas al puerto de Falero (puerto de Atenas).

ARTAFERNES, GENERAL PERSA

Noble persa nacido a finales del siglo VI a. C., Artafernes es el sobrino de Darío I. Su padre es el sátrapa de Lidia, región afectada por la revuelta jónica.

En el 491 a. C., Darío I les encarga a él y a Datis que lleven las tropas persas a la conquista de Grecia.

Un año más tarde, Artafernes participa en la toma de Eretria, que hace saquear e incendiar y en la que somete a la población a la esclavitud. Heródoto no da detalles sobre su comportamiento durante la batalla de Maratón. Sabemos solamente que es derrotado por Milcíades el Joven y que se ve obligado a retroceder.

En el 480, participa en la Segunda Guerra Médica, organizada por el sucesor de Darío I, Jerjes I (rey persa, 486-465 a. C.), pero en ella ocupa un puesto de baja categoría. Muere a principios del siglo V a. C.

ANÁLISIS DE LA BATALLA

LA ELECCIÓN DE MARATÓN

Los persas tienen como objetivo someter la ciudad de Atenas después de su éxito en Eretria. Sin embargo, en vez de atacar directamente la ciudad, eligen desembarcar sus tropas en Maratón, situada a 40 kilómetros de la capital griega. De esta forma, al atraer al ejército ateniense lejos de su ciudad, Datis deja vía libre al resto de su flota, que podrá desembarcar sin problemas en Falero. Cabe destacar que las costas griegas son conocidas por sus montañas y valles, que proporcionan una gran protección y complican los desembarcos.

Heródoto cuenta que Hipias es quien aconseja a Datis la planicie de Maratón como escenario para el combate. Añade también que el viejo tirano desterrado participa también en la campaña militar junto a los persas. Por todo esto, la elección del lugar se puede explicar con total claridad: la planicie de Maratón formaba parte de las posesiones de los Pisistrátidas, familia de la que es originario Hipias. Este último desea apoderarse del lugar antes de partir al asalto del trono de Atenas, que desea recuperar desde su exilio en el 510 a. C.

La planicie de Maratón.

ATENAS, UNA DEMOCRACIA MILITAR

En Atenas, la formación militar es obligatoria para todos los hombres de entre 18 y 20 años. Una vez esta se ha efectuado, todo soldado que tenga entre 21 y 59 años puede ser llamado al combate.

Desde la reforma agraria de Solón (hombre de Estado ateniense, 640-558 a. C.) en el siglo VI, existen cuatro clases de ciudadanos repartidos según sus ingresos agrarios. Esta organización social en clases censatarias prevalece en la atribución de las distintas armas:

- los pentacosiomedimnos, los más ricos, sirven en la caballería;
- los hippeis y los zeugitas constituyen las formaciones de hoplitas (infantería pesada), pero algunos hippeis, bastante ricos, pueden mantener un caballo y así formar

parte de la caballería;

• los tetes, obreros agrícolas sin tierras, sirven en la infantería ligera y en la marina (muy poco desarrollada en el 490 a. C.).

El ejército no es permanente. Se puede reclutar según las necesidades después del voto de los diez estrategos. En el caso de Maratón, Heródoto cuenta que estos no estaban todos de acuerdo: cinco piensan que no hay que combatir, mientras que los otros cinco están a favor del combate. El 11.º sufragio, el del polemarca, es así decisivo. Milcíades el Joven convence a Calímaco de votar a favor de la movilización de las tropas. Así pues, en Atenas la guerra se decide por un voto, y no por la voluntad de un único hombre como ocurriría en Persia.

<u>**¿SABÍAS QUE...?**</u>

La jerarquía militar está estrechamente vinculada a la vida de la ciudad y los oficiales, elegidos normalmente por razones políticas más que estratégicas, son susceptibles de recibir una condena a muerte, al exilio o incluso una multa, en caso de derrota. En un principio, el comandante en jefe del ejército (el polemarca) se elige entre uno de los nueve arcontes. A continuación, esta carga pasa a manos de los estrategos, que se atribuyen el mando de un regimiento de hoplitas. Su rol evoluciona, hasta obtener el mando supremo del ejército y de la marina.

LAS FUERZAS PRESENTES

El ejército griego

Se desconocen las cifras exactas, pero se admite común-
mente que el ejército griego reclutado para la batalla de
Maratón cuenta con 11 000 hoplitas, entre los que hay 1 000
plateos. Se llama a un tercio de los atenienses con edad para
ser movilizados (los dos tercios que faltan probablemente
eran demasiado pobres para servir en la falange). Algunos
historiadores afirman que el ejército se moviliza a toda prisa
por miedo de ver el tirano de vuelta a la ciudad. Temiendo
no ser demasiado numerosos, por primera vez se enrolan
esclavos en el ejército.

Las tropas atenienses son dirigidas por diez estrategos (uno
para cada tribu) y el polemarca, que se ocupan del mando
del ejército de forma rotatoria. Según Heródoto, algunos
generales ceden su turno a Milcíades el Joven, que conoce
bien el ejército persa por haber combatido junto a él contra
los escitas.

El ejército persa

Resulta igualmente complejo estimar el número exacto
de hombres que participan en la batalla de Maratón con
el bando persa. Algunos autores posteriores a los hechos
mencionan alrededor de 100 000 efectivos y hasta los 600
000. A estos, se les suman los trirremes (navíos de combate)
que Heródoto estima en 600. Evidentemente, hay que
analizar estas cifras con precaución y considerar que se han
exagerado por varias razones. Los historiadores contem-

poráneos avanzan la cifra de 25 000 hombres, a los que se suman 1 000 caballeros. No hay que olvidar que el ejército persa solamente desembarca una parte de sus tropas en Maratón, ya que la otra parte se dirige hacia el puerto de Falero. A pesar de todo, es razonable pensar que las fuerzas de Datis y Artafernes eran dos veces superiores al número de efectivos griegos.

Puesto que está formado por hombres que vienen de todos los rincones del imperio, soldados que no hablan el mismo idioma tienen que combatir juntos. Este plurilingüismo pudo causar una desventaja en el ejército persa durante las maniobras, incluso aunque estuviera organizado según el origen de sus combatientes. Gracias al relato de Heródoto, sabemos que los persas y los escitas combaten en el centro del dispositivo militar.

LA VENTAJA GRIEGA EN EL ARMAMENTO Y LA FALTA DE CABALLEROS PERSAS

El armamento de los hoplitas atenienses representa una ventaja para el ejército griego. Estos forman lo que llamamos una infantería pesada y están muy bien equipados; Poseen:

- cascos, escudos, corazas, espinilleras y brazaletes de bronce para protegerse;
- espadas, largas lanzas y escudos de piel y de metal para combatir.

Armamento tradicional de los hoplitas atenienses.

En cambio, el armamento de la infantería persa es mucho más ligero y no resulta muy eficaz en los combates cuerpo a cuerpo. Solamente disponen de escudos de mimbre y de cortas picas. El ejército persa es más conocido por su poderosa caballería, pero pocos caballeros toman parte en la batalla de Maratón. Aunque a primera vista la planicie parece un lugar propicio para el despliegue de caballos, cuando los historiadores fueron al terreno entendieron que eso no era así. El almirante Datis también debió darse cuenta.

LA ESTRATEGIA

Desde el momento en el que descubren que el ejército persa se acerca a Maratón, los atenienses dejan su ciudad para ir al encuentro del enemigo. Mientras que la infantería y la caballería persa desembarcan en la planicie, los hoplitas griegos van a rodear al enemigo para contenerlo en la playa, para evitar que lleguen a la ciudad. A continuación, se posicionan en lo alto de la planicie para esperar a los refuerzos espartanos. Sin embargo, una fiesta religiosa obliga a estos últimos a esperar la luna llena (es decir, el 15 de septiembre) para ponerse en marcha hacia Maratón.

Tras cinco días de cara a cara y viendo que los refuerzos no llegan, Milcíades el Joven decide iniciar el ataque. Sabe que la infantería ateniense está mejor armada y que puede ganar un combate cuerpo a cuerpo. Asimismo, su técnica de combate, llamada falange, es formidable: los hoplitas avanzan en filas muy juntas y están equipados con grandes escudos que forman, en conjunto, una muralla.

¿SABÍAS QUE...?

La falange hoplita es a la vez una formación estratégica y una transposición de un ideal político a la esfera militar. En efecto, está formada, según Heródoto, por los únicos ciudadanos de clase media, propietarios que están representados en la asamblea del pueblo. Así pues, garantizan el espíritu cívico ateniense y son los únicos capaces de defender la tierra de sus antepasados. Simbolizan la victoria de los agricultores acomodados, poco reacios a compartir los derechos civiles con las clases populares. Logrando una victoria contra los persas, afirman la perennidad del cuerpo de los ciudadanos-soldado.

EL DESARROLLO DE LA BATALLA

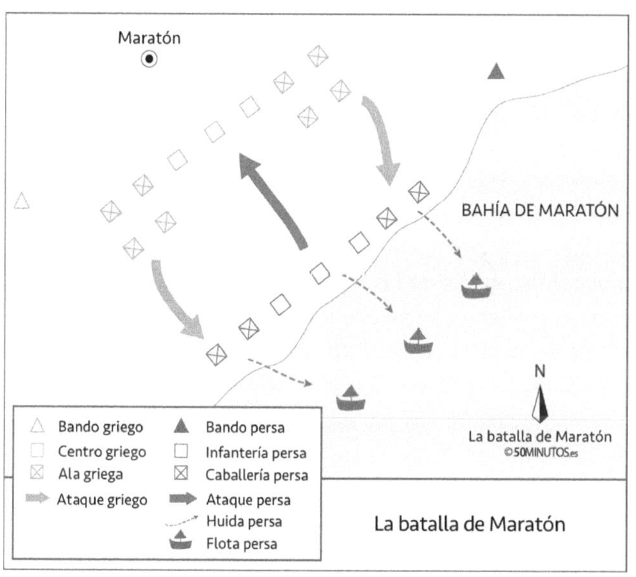

La batalla de Maratón

Después de esos cinco días de observación, no podemos

afirmar con precisión lo que hace que Milcíades el Joven se decida a iniciar el ataque. Existen varias hipótesis:

* el reembarque de la caballería persa deja una infantería ligera en el lugar, lo que sin duda empujó a los griegos a pasar a la acción;
* los persas toman una posición ofensiva, lo que empuja a los griegos a llevar a cabo el ataque;
* los griegos tienen que acabar con la batalla de Maratón lo más rápido posible para volver a la ciudad, vulnerable a un ataque persa en el puerto de Falero.

Inferiores en número, los griegos deciden reforzar las alas y disminuir las fuerzas en el centro, mientras que las fuerzas persas se reparten equitativamente en el centro y en las alas.

Solamente 1500 metros separan a los dos ejércitos en el momento en el que los atenienses empiezan el ataque. Los hoplitas griegos avanzan primero caminando en filas muy juntas, al son de las flautas, y recorren los 100 últimos metros corriendo hacia el enemigo para evitar las flechas y provocar un choque violento con la línea persa. A pesar de este potente ataque, el centro ateniense resulta derribado y vencido. Los persas persiguen entonces a los que huyen hacia el interior de las tierras.

UNA CARRERA LEGENDARIA

Durante este tiempo, Calímaco y los plateos consiguen una victoria sobre las alas del ejército persa, obligándolos a huir para volver a sus navíos. Los aleros griegos se dirigen entonces contra el centro persa y persiguen a los que intentan llegar a sus naves.

Según Heródoto, murieron no menos de 6 400 persas, mientras que las filas griegas solamente tuvieron 192 bajas, entre las que hay que contar la del polemarca Calímaco. Además, los griegos toman y queman siete navíos persas. De nuevo, es importante precisar que hay que considerar estas cifras con mucha precaución. Efectivamente, el número de atenienses muertos parece muy bajo si se tiene en cuenta el hecho de que su centro fue derribado. Esta diferencia entre los dos ejércitos permite, sin embargo, magnificar un poco más la victoria griega.

Existe una leyenda que dice que, una vez se anunció la victoria, un mensajero salió corriendo desde la planicie de Maratón hacia Atenas para llevar la noticia, recorriendo así unos cuarenta kilómetros. Una vez llegó a su destino, murió de cansancio. Según Plutarco (escritor griego, hacia 46-120 d. C.), el corredor sería un tal Eucles, pero otras fuentes hablan de un tal Filípides. Algunos siglos más tarde, Michel Bréal (lingüista francés, 1832-1915) creó una prueba de atletismo para conmemorar esta hazaña: el maratón (carrera de 42,195 quilómetros), que es la prueba de atletismo más larga de los Juegos Olímpicos.

El soldado de Maratón por Luc-Olivier Merson, 1869.

Una vez la batalla hubo terminado, los hoplitas griegos debieron ir sin más dilación a Atenas para contrarrestar la ofensiva persa en el puerto de Falero. Avanzando rápidamente, las tropas llegaron al puerto después de ocho horas, adelantando por poco a la flota persa. Viendo el paso bloqueado, Datis decide no desembarcar sus tropas y volver al Asia Menor.

Este abandono deja en el aire una duda en cuanto a la importancia de una conquista de Atenas a ojos de Darío I. El emperador deseaba únicamente, quizás, llevar a cabo una expedición punitiva contra una ciudad rebelde ante su autoridad.

REPERCUSIONES DE LA BATALLA

LA VICTORIA DE LA DEMOCRACIA ATE-NIENSE SOBRE LA TIRANÍA

Con la derrota persa, la batalla de Maratón comporta igualmente el fracaso de Hipias. La victoria ateniense se celebra como una liberación, ya que descarta definitivamente el riesgo de un retorno de la tiranía a la ciudad.

> **¿SABÍAS QUE...?**
>
> Después de la partida de Hipias y el fin de la tiranía (510 a. C.), las familias aristocráticas de Atenas comparten el poder político. Dos años más tarde, Clístenes reforma el sistema y concede al pueblo la participación en las decisiones y las funciones públicas. La ciudadanía está abierta a los hombres de más de 20 años nacidos de padres ciudadanos y que han efectuado su servicio militar de dos años.

Esta victoria se vuelve rápidamente simbólica y confiere un gran prestigio a Atenas. Efectivamente, convence a las ciudades griegas de su capacidad para ganar al enemigo persa, tan cuestionada hasta ese momento. Así, con la segunda invasión persa (480 a. C.) los griegos sienten que están en posición de volver a derrotar al ejército persa.

La victoria es igualmente militar, valora el rol de los ciudadanos-soldado (los hoplitas) como defensores de la ciudad y de la democracia. Así, el modelo isonómico da buenos resultados y se inscribe de manera duradera en la vida política ateniense. También consagra los derechos de la clase media acomodada. No obstante, habrá que esperar a la Segunda Guerra Médica (480-479 a. C.) para que los ciudadanos más pobres (los tetes) hagan su aparición en la escena política y militar gracias a la victoria de Salamina (29 de septiembre del 480 a. C.).

Este éxito se convierte rápidamente en una justificación ideológica del poder ateniense y los hombres políticos lo utilizan para justificar su hegemonía en el mundo griego.

Ciertamente, los persas pierden la batalla de Maratón, pero esta derrota resulta menor. Efectivamente, con la expedición del 490 a. C. Darío I consigue someter a las Cícladas y Eretria, lo que le permite dominar las ciudades jónicas, Tracia y el Helesponto. El mar Egeo se encuentra, así, bajo su control y el objetivo principal del Imperio Persa se alcanza. Darío I desea ejecutar rápidamente su venganza, pero una revuelta que estalla en Egipto (486 a. C.) lo mantiene ocupado durante los últimos meses de su vida.

LA FUNDACIÓN DE LA LIGA DE DELOS

Puesto que los persas seguían constituyendo una amenaza, se creó la Liga de Delos en el 478 a. C. Se trata de una alianza militar creada por Atenas para frenar a los persas. En ese momento, varias ciudades griegas se reagrupan bajo la autoridad ateniense:

* las islas del mar Jónico;
* las islas del mar Egeo;
* las ciudades del Asia Menor.

La Liga evoluciona poco a poco hacia una confederación estatal sobre la que Atenas impone su supremacía. Los aliados de Atenas le ofrecen tropas, navíos y también un tributo de dinero, y a cambio la ciudad se compromete a proteger a las pequeñas ciudades con la ayuda de Esparta.

LA SEGUNDA GUERRA MÉDICA

En el 486 a. C., Jerjes I sucede a su padre Darío I y, seis años más tarde, lleva a cabo una expedición punitiva para vengarse de Atenas. Prepara esta campaña durante mucho tiempo, y no deja lugar al azar. Jerjes I prevé hacer llegar a Atenas dos ejércitos de forma simultánea:

* el primero tiene que llegar a la ciudad por vía terrestre atravesando el Helesponto y Tracia;
* el segundo desembarcará por mar.

Por su parte, Atenas recibe ayuda de numerosas ciudades griegas para reclutar un ejército que sigue siendo numéricamente muy inferior al del rey persa. Sin embargo, hay que mencionar el caso de algunas ciudades como Tebas, que se posicionan en el lado persa por miedo a represalias.

Cuando las hostilidades empiezan, los griegos deciden ocupar las Termópilas, una posición defensiva que ofrece acceso al interior de su tierra. Desafortunadamente, pierden la batalla y los persas avanzan hacia Atenas, en ese momento abandonada por la mayoría de sus habitantes. La Acrópolis es saqueada.

La célebre batalla de las Termópilas tuvo lugar en agosto del año 480 a. C. y opone las tropas persas a los griegos. Tuvo lugar en las montañas griegas y más precisamente en el paso de las Termópilas, una ruta sinuosa en la montaña que une Tesalia con la planicie del Ática.

La coalición griega es dirigida por Leónidas I (rey de Esparta, muerto en el 480 a. C.), quien sabe que los persas tienen que tomar esta ruta para mantener el contacto con su flota. Pero el rey de Esparta es traicionado por uno de los suyos, que muestra a los persas un camino que rodea las Termópilas. Cuando se da cuenta de esto, Leónidas I decide que no va a huir y que va a combatir al enemigo con una parte de sus tropas. Hace frente al enemigo persa durante tres días, pero lo acaban matando junto con su ejército por orden de Jerjes I.

La flota griega decide entonces huir del Ática y refugiarse en Salamina (pequeña isla en el sur de Atenas), pero la persiguen los persas, que también entran en el estrecho. Sus grandes navíos se obstaculizan mutuamente en el estrecho pasaje y los persas sufren una derrota sangrienta. Ante la pérdida de muchos navíos, los supervivientes se repliegan.

La batalla naval de Salamina tiene lugar en septiembre del 480 a. C., cerca de la pequeña isla de Salamina, situada frente al Pireo, puerto de Atenas. Enfrenta a las flotas griega y persa. Esta última sufre una importante derrota a causa de la estrategia de su adversario: los 200 trirremes griegos presentes llegan a rodear a los barcos persas en el estrecho y hunden a la mitad de la flota adversaria. Jerjes I tiene que abandonar la batalla y salvar al resto de su flota.

Por su parte, Jerjes I vuelve a irse a Persia pero deja que sus tropas pasen el invierno en Grecia continental. En la primavera del 479 a. C., el general Mardonio lleva a cabo el asalto al Ática y ocupa Atenas. Rápidamente, se encuentra enfrentado a un importante ejército griego en Beocia. La victoria griega es absoluta en Platea, y la flota persa es vencida.

¿Sabías que...?

La batalla de Platea tiene lugar en el 479 a. C. en Beocia. Enfrenta a las tropas griegas y persas, que hicieron construir un campo fortificado en Platea. Los griegos (Esparta, Atenas, Mégara y Corinto) reclutan un potente ejército y se dirigen hacia su campo. Los griegos, que eligen un mejor posicionamiento, dan la impresión a los persas de que se retiran. Por consiguiente, estos últimos deciden perseguirlos, pero finalmente son vencidos. Los persas que quedan en el campo también son masacrados. Esta batalla pone fin a la presencia de tropas persas en Grecia.

Los griegos emprenden otras batallas para recuperar el Helesponto y las islas egeas. En el 449 a. C., se firma la paz de Calias, que pone fin al conflicto: Atenas domina desde ese momento el mundo egeo. El tratado pone fin también a la Liga de Delos, que ya no tiene razón de ser. Atenas, sin embargo, acentúa su dominio:

- transfiriendo el tesoro de Delos a Atenas;
- fundando colonias atenienses en las diferentes ciudades;
- imponiendo el uso de su moneda y de sus unidades de peso y medida;
- transfiriendo la autoridad judicial a Atenas.

EN LOS ORÍGENES DEL DISCURSO DEMOCRÁTICO

Desde el día que siguió a la victoria, el partido demócrata ateniense recupera Maratón, haciendo del combate contra los persas el símbolo de la lucha por la libertad de los griegos. Desde entonces, la literatura y el teatro atenienses exaltan constantemente el valor de los Maratonomacos (nombre que reciben los combatientes de Maratón). *Los persas* (472 a. C.), célebre tragedia de Esquilo (poeta trágico griego, 525-456 a. C.), pone en escena a Darío I y a sus personas cercanas, devastadas al saber que los persas han sido derrotados y que los atenienses disponen ahora de la hegemonía: el autor exagera mucho la importancia de la batalla para anunciar el futuro poder absoluto de Atenas.

Poco a poco Maratón se vuelve el grito de guerra de los griegos, defensores de la civilización y de los principios de igualdad contra la «barbarie» de los persas. En el siglo IV, en el momento en el que el rey de Macedonia, Filipo II (382-336 a. C.) y su hijo Alejandro Magno (356-323 a. C.) preparan la expedición en Asia (340 a. C.), pensadores como Isócrates (orador griego, 436-338 a. C.) o Demóstenes (hombre de Estado ateniense, 384-322 a. C.), invocan el recuerdo de la batalla de Maratón para motivar a las ciudades griegas para retomar la lucha ancestral contra el enemigo común. Este conflicto designa, en la mente de los antiguos, la victoria de los europeos sobre los asiáticos.

Finalmente, el Renacimiento europeo y el redescubrimiento de los textos griegos alimentan la filosofía de los humanistas y más tarde la de la Ilustración. Una parte de la crítica del absolutismo (régimen político en el que una persona posee todos los poderes) y del llamamiento a las revoluciones democráticas extrae su materia de las historias de las proezas atenienses en el nombre de la isonomía. Es cierto que Maratón y, de forma más general, las guerras médicas, se encuentran en los fundamentos de la filosofía igualitaria, que en occidente llevó a la guerra de Independencia de los Estados Unidos (1763-1783) y la Revolución Francesa (1789).

EN RESUMEN

Circa 550 a. C.
Sumisión de las ciudades jónicas
a los persas

500 a. C.
Revuelta de las ciudades jónicas

494 a. C.
Los persas retoman el poder
en las ciudades jónicas

492 a. C.
Comienzo de la Primera Guerra Médica;
fracaso de la campaña de Darío I
contra los griegos

491 a. C.
Nueva campaña de Darío I
contra los griegos

490 a. C.
13 sept.: **batalla de Maratón;
fin de la Primera Guerra Médica**

486 a. C.
Muerte de Darío I;
ascenso al poder de Jerjes I

480 a. C.
Segunda Guerra Médica

479 a. C.
Fin de la Segunda Guerra Médica

- En el 500 a. C., una revuelta estalla en Jonia en el seno de las ciudades griegas del Asia Menor, sometidas al Imperio Persa. Al movimiento le siguen otros en el mar Egeo, pero finalmente los persas logran frenarlo y recuperan su dominio en el 494 a. C.

- Con el deseo de dominar Grecia y extender su imperio, Darío I remarca el interés económico que representaría el dominio de los intercambios comerciales en el mar Egeo. Por consiguiente, lanza una primera campaña, en el 492 a. C., pero esta fracasa.

- Un año más tarde, replantea su estrategia y decide conquistar las islas griegas del mar Egeo para debilitar los intercambios comerciales griegos.

- El emperador persa sale victorioso en las Cícladas e intenta entrar en el Ática desembarcando a sus tropas en la planicie de Maratón. A pesar de disponer de efectivos muy superiores, el ejército persa es derrotado. Así, paga las consecuencias de un equipo menos eficiente que el armamento de los hoplitas y de la estrategia griega, que lo hace doblegarse. De este modo, los persas tienen que dar marcha atrás.

- Para Atenas, es una victoria militar importante, que apoya un modelo político democrático establecido desde poco antes (finales del siglo VI a. C.). Confiere legitimidad a Atenas por todas las ciudades griegas que se agrupan a su alrededor con la Liga de Delos en el 478 a. C.

- Para el Imperio Persa, la derrota es menor ya que el territorio que domina ya es inmenso (desde Egipto hasta el Ganges). Sin embargo, Darío I muere en el 486 a. C. y no puede vengarse. Su hijo y sucesor, Jerjes I, se encargará de ello en el 480 a. C. con una nueva invasión del Ática. El conflicto termina en el 479 a. C. en Platea (en Beocia) con una nueva victoria griega.

¡Tu opinión nos interesa!
¡Deja un comentario en la página web de tu librería en línea,
y comparte tus favoritos en las redes sociales!

PARA IR MÁS ALLÁ

FUENTES BIBLIOGRÁFICAS

- Aristófanes. 1998. *Les Guêpes*. Redactado por V. Coulon. Traducido por H. Van Daele. París: Les Belles Lettres.
- Billows, Richard. 2010. *Marathon: How One Battle Changed Western Civilization*. Londres: Gerald Duckworth.
- Briant, Pierre. 2001. *Darius, les Perses et l'empire*. París: Gallimard.
- Briant, Pierre. 1996. *Histoire de l'empire perse de Cyrus à Alexandre*. París: Fayard.
- Brun, Patrice. 2009. *La Bataille de Marathon*. París: Larousse.
- Diodoro de Sicilia. 1997. *Bibliothèque historique*. Redactado y traducido por A. Bianquis. París: Les Belles Lettres.
- Heródoto. 1932. *Historias*, libros V y VI. Redactado por eBookLibris. Traducido por Bartolomé Pou. Brasil: eBooksBrasil. Consultado el 24 de marzo de 2016. http://www.enxarxa.com/biblioteca/HERODOTO%20Historia%20_Pou_.pdf
- Pausanias. 1992. *Description de la Grèce*, libro I. Redactado por Michel Casevitz. Traducido por Jean Pouilloux. París: Les Belles Lettres.
- Picard, Olivier. 1995. *Les Grecs devant la menace perse*. París: Sedes.
- Will, Edouard. 1992. *Le Monde grec et l'Orient, tome I: le Ve siècle*. París: Presses Universitaires de France, colección *Peuples et Civilisations*.

FUENTES COMPLEMENTARIAS

- Ctesias. 1991. *Histoires de l'Orient*. Traducido y comentado por Janick Auberger. París: Les Belles Lettres.
- Amouratti, Marie Claire y François Ruze. 1978. *Le Monde grec antique*. París: Hachette Université.
- Baslez, Marie- Françoise. 2010. *Histoire politique du monde grec antique*. París: Armand Colin.
- Bengtson, Hermann. 1968. *The Greeks and The Persians*. Londres: Delacorte Press.
- Corvisier, Jean-Nicolas. 1999. *Guerre et société dans les mondes grecs (490-322 av. J.C.)*. París: Armand Colin.
- Ducray, Pierre. 1999. *Guerre et guerriers dans la Grèce antique*. París: Hachette Littératures.
- Green, Peter. 2008. *Les Guerres médiques*. París: Tallandier.
- Hanson, Victor Davis. 2000. *Les Guerres grecques: 1 400 - 146 av. J.-C.* París: Autrement.
- Huyse, Philippe. 2005. *La Perse antique*. París: Les Belles Lettres.
- Kaplan, Michel. 2010. *Le Monde Grec, Histoire ancienne*. París: Bréal.
- Krentz, Peter. 2010. *The Battle of Marathon*. New Haven: Yale University Press.
- Lefevre, François. 2007. *Histoire du monde grec antique*. París: Le Livre de Poche.
- Levy, Edmond. 1997. *La Grèce au Ve siècle: de Clisthène à Socrate*. París: Points Seuil.
- Lloyd, Alan. 2004. *Marathon: The Crucial Battle That Created Western Democracy*. Londres: Souvenir Press.
- Petrakos, Basile. 1996. *Marathon*. Atenas: The

Archaeological Society at Athens.
* Sekunda, Nick. 2005. *Marathon, 490 B.C.: The first Persian invasion of Greece*. Westport: Praeger.

PELÍCULA

* *La bataille de Marathon*. Dirigida por Jacques Tourneur, con Philippe Hersent, Alberto Lupo y Daniele Vargas. Francia-Italia, 1959.

¡APRENDER NUNCA ANTES FUE TAN RÁPIDO!

www.en50minutos.es